Yéri YOUL

LA VIE ETAIT AMERE PRES DES HOMMES

Yéri YOUL

LA VIE ETAIT AMERE PRES DES HOMMES

UNE VIE! QUE JE VIS ?

Éditions Muse

Imprint

Any brand names and product names mentioned in this book are subject to trademark, brand or patent protection and are trademarks or registered trademarks of their respective holders. The use of brand names, product names, common names, trade names, product descriptions etc. even without a particular marking in this work is in no way to be construed to mean that such names may be regarded as unrestricted in respect of trademark and brand protection legislation and could thus be used by anyone.

Cover image: www.ingimage.com

Publisher:
Éditions Muse
is a trademark of
Dodo Books Indian Ocean Ltd. and OmniScriptum S.R.L publishing group

120 High Road, East Finchley, London, N2 9ED, United Kingdom
Str. Armeneasca 28/1, office 1, Chisinau MD-2012, Republic of Moldova, Europe
Printed at: see last page
ISBN: 978-620-4-96585-7

LA VIE ETAIT AMERE PRES DES HOMMES

UNE VIE ! QUE JE VIS ?

AUTEUR : DACANY

NOM : YOUL PRENOM : YERI

Je dédie ce livre :

- à Dieu qui m'a donné la grâce,
- à ma famille, mon père et surtout ma mère qui m'a porté neuf mois durant et dont le cordon est la force de l'existence,
- à ceux pour qui j'ai toujours eu du prix à leur yeux,
- à toute personne qui a su me faire confiance et m'encourager à réaliser mes projets.

Aussi, je bénis mes pasteurs, mes maîtres et mes professeurs surtout le Dr Poussi SAWADOGO, le professeur Kadi YAMEOGO. Ils n'ont jamais manqué de prier pour moi, de me faire des mots d'encouragement, de confiance en moi et de succès. Leur soutien m'a été très bénéfique.

Ce livre est destiné à encourager tous ceux qui pensent que le monde et la vie sont limités. Je leur souhaite beaucoup de courage à retrouver leur propre voix et à se reconstruire. Ce qui peut vous soulager le cœur et vous rendre ce que les Hommes ne vous ont pas donné, osé provoquer et trouver. Mettez Dieu au-devant de tout et chercher la paix autour de vous. Ceux qui veulent peuvent se servir sinon continuez votre chemin car elle est long même après la mort pour ceux qui ne le savent pas.

Il faut plutôt penser à vivre pour soi-même d'abord. Rechercher la paix pour soi-même, le mot le plus important, l'amour puis le reste vous seriez comme une source d'eau vive pour les autres. Chercher à briller partout. Car plus on a le pouvoir et la richesse avec Dieu, plus on se sent comme un nid d'abeilles, une patrie où tous viennent recueillir le bonheur selon eux. Sinon, même une niche de déchet refuserait de ressembler à votre vie si vous compter sur l'amour d'autrui pour réussir ou sur la considération.

Vous êtes au monde, vous aviez une vrai famille qui ne pourra jamais vous abandonnez quel que soit votre ignorance. « Dieu, l'Esprit de Dieu, Jésus Christ vous-même et les Anges. » Cela équivaut à Dieu le Père, le

LA VIE ETAIT AMERE PRES DES HOMMES

Saint Esprit la mère, Jésus Christ le GRAND Ami, et les Anges les frères. Y a t- il une famille plus que ça ? Si c'est le monde ne vous y attendez pas. Quand Christ est né, ce n'était pas pour les chrétiens et les non chrétiens mais pour tous ceux qui voudraient s'abreuver à la bonne source d'eau vive. Ceux-là même qui se disaient les connaisseurs et seigneurs ont même voulu empêcher ceux qui trouvaient très douce et vivifiante cette eau vive. Que Dieu nous pardonne en tout. Je ne sais pas si je pourrai continuer avec le roman un jour mais mon but est d'apporter ce que je peux au cœur de beaucoup de personnes qui ont des douleurs. Elles n'arrivent certainement pas à s'exprimer, surtout du côté de la religion. Elles ont surement été traumatisées et bafouées tel qu'un instrument. A tous ceux qui ne pensent que la religion sauve, non ! C'est ce que le testament que Dieu t'a plutôt donné te dit de faire et de suivre. Cherchez la connaissance et la connaissance augmentera pour tous ceux qui garderont ce livre.

LA VIE ETAIT AMERE PRES DES HOMMES

Il était une fois, une jeune fille nommée Divine. Div. Ce nom lui a été attribué parce qu'elle aimait Dieu de tout son cœur et voulait en profiter, à ne pas oublier que Dieu est son amour partout et dans tout ce qu'elle fait.

Divine vivait dans un quartier où les hommes forçaient l'amour entre eux. Ils se disaient s'aimer mais se mentaient eux même. Divine, cherchait jour après jour dans sa curiosité à connaître ce qui se cachait dans le cœur et les lèvres de tout un chacun. Un bonjour de quelqu'un n'était pas forcément exprimé du fond du cœur. Elle avait un drôle de manière de regarder les gens mais personne ne la connaissait.

Au fond de son être était cachés des trésors inexprimables et méconnaissables par ce monde. Divine, était toujours souriante, à un moindre geste, elle formait une image qui pouvait lui suscité le sourire et elle n'en manquait pas. Souvent, l'on la trouvait trop agitée et même lui demandait le pourquoi. L'on la surnommait folle de par son comportement. Divine, bien que l'homme ne soit parfait surtout aux yeux de Dieu sans oublier l'Homme qui a toujours méprisé son prochain en lui distinguant des qualificatifs, elle avait un cœur, un cœur plein d'amour que souvent elle se demandait pourquoi au fond de son cœur elle éprouvait un tel sentiment. Elle avait de l'amour à partager comme elle le pouvait à tous. Prête à tout accepter et à tout porter pour ne pas voir dans les yeux d'autrui la souffrance ou entendre quelqu'un souffrir à cause d'elle. Elle était prête à accepter toutes les accusations. Elle se disait en elle, si Dieu malgré nos péchés et surtout la méchanceté des Hommes, acceptent toujours que l'on se multiplie et gagne à manger au lieu de se détruire un à un, même avec les méchants, pourquoi devrait - elle détester ? Le sens de ce mot détester devrait - il avoir une place dans son cœur ?

Elle aimait et aimait encore et encore et encore sans distinction. Même de son statut de fille elle était attirée de tous les hommes par ce comportement. Cependant, elle voulait expliquer à chacun que cet amour au fond d'elle n'était pas dans une vision de recherche d'un cœur à compléter mais de partager ce qui est dans son cœur. Malheureusement les gens de son quartier et même ses amis n'ont jamais compris. Beaucoup l'ont abandonnée, surtout dans ses pires douleurs.

Dans ce quartier, comme on le dit « on ne peut pas être aimé par tous », elle était admirée mais détestée par plusieurs qui lui faisait des reproches parce qu'elle n'a jamais eu l'envie de s'asseoir avec eux pour critiquer comme des imposteurs ou ... Et pour un simple geste, on lui faisait la gueule. Il eut d'autres personnes qui ont par fini compris la grandeur de son cœur et l'ont accepté comme une amie. Elle a toujours considéré les gens. Elle ne prenait jamais en compte tout ce que les autres considéraient comme problème mais acceptait de vivre au jour le jour car chaque jour suffit sa peine. Elle voulait oublier hier avec tout ce qu'il y a eu dans son histoire et vivre aujourd'hui avec ce qui lui présenterait. « Le passé reste un passé et le présent jouie de sa présence ». Elle aimait sa façon de vivre et d'aimer. Malheureusement, elle trouvait que cela ne suffisait jamais et que les gens ne sont pas rassasiés de l'amour. Div quand elle, arrivait facilement à remarquer chez quelqu'un un comportement qui diffère de l'amour réel, elle disait ceci : « chacun a ses raisons de faire ce qu'il veut car nul ne peut connaître les raisons d'autrui et ce qui s'y cache dans son cœur. » Elle pouvait définir facilement une personne perturbée ou non. Elle demandait toujours à Dieu d'être un instrument pour sa vie surtout un instrument de PAIX et de grâce partout où elle mettrait les pieds. Pour Divine, pour être cet instrument, il fallait se mettre au service de tous ceux qui sont déprimés, découragés et qui ont un visage triste cherchant où trouver l'amour. Il fallait leur apporter un petit sourire et essayer de trouver ou d'inventer une histoire qui pourrait sembler au souci de la personne. Aussi, faudrait dire à la personne « je t'aime malgré ce que tu es et ce que tu fais ». Pourquoi ne pas offrir un petit cadeau plein de bisou ou un message plein de « je t'aime », ou encore tout simplement un appel pour dire « tu sais, au fond de mon cœur, il y avait une place vide mais en réfléchissant et en rentrant en moi - même, j'ai senti qu'elle n'était pas vide mais occupée par un amour et cet amour - c'est toi ». Souvent, l'on voyait qu'elle en faisait trop. Elle ne comprenait pas qu'on ne peut pas servir à égalité tout le monde, ni être un bon samaritain. L'Homme même avec Dieu n'a jamais été satisfait ni nier qu'il n'a plus de vide en lui. Avec certaines personnes, elle entendait souvent qu'elle serait blessée par des moments, de comportement de certains. Si la stratégie adoptée pour renouveler son contrat d'amour avec ces personnes venait à finir, il y'aura un problème. En exemple dans une entreprise quand le salaire manque pour les employés, ils ne comprennent pas que lorsque ça marche c'est que tout le monde a compris que le problème n'est pas forcément du côté du manager mais de tous. Le peu de tous est bénéfique. Mais elle ne comprenait toujours pas les Hommes. Elle se disait y arriver quel que soit le prix à payer.

LA VIE ETAIT AMERE PRES DES HOMMES

Un jour, alors que Div. Passait des moments difficiles, elle comprit qu'elle avait aussi besoin d'amour. Pour elle, réellement, l'amour n'a pas été renouvelé convenablement et les cris étaient trop forts pour ceux qui en avaient soif. Elle chercha la face de Dieu, dans son errance de l'amour à compléter pour partager. C'est là qu'elle accepta l'invitation d'un homme pour un temps de partage de prière. Mais elle ignorait réellement où elle allait. Elle partit et là un puits rempli d'amour lui était réservé dans ce lieu. Elle le sentit même descendre en elle comme une huile qui coule sur la cuire chevelure. Elle regardait au-dessus de tout et ne voulait que voir l'amour visible que chacun portait pour elle. Elle a demandé à mieux connaître le groupe pour partager à partir de ce jour les mêmes joies et tout en leur demandant comment ils y arrivaient. La réponse est dans la BIBLE d'où le chemin, la vérité et la vie est en Christ ! Pour retrouver ce que tu recherches depuis des temps DIVINE ! Elle accepta la belle phrase et resta avec eux pour partager leur moment agréable. Mais avant tout elle fut prévenue que là où tu recherches la paix, il ne faut pas oublier qu'il y aura des surprises, c'est-à-dire des combats à faire car rien ne se gagne facilement même pour manger. Il fallait donc accepter la Parole de Dieu et vivre fermement sans riposter sur certains actes des Hommes. Ce sont des gens qui ignorent la valeur de la paix et de la joie, surtout en ce qui concerne la vie avec Dieu. Dépendre de Dieu vaut mieux que dépendre des Hommes. Div. accepta l'ultimatum. Mais le problème, Div. ignorait que la vie est devenue un combat entre religion, au lieu que ce soit un combat pour entrer dans le palais de Dieu. Elle n'avait jamais compris et su réellement qu'il y avait une très grande différence de religion et que les gens préféraient adorer la religion que d'adorer leur créateur. Ils se laissent aller par le diable et bien que la bible dit « qu'il refuse de rester seul à la fin du monde. Le temps joue beaucoup dans notre vie. Il faut se méfier de l'avertissement que Dieu nous donne, de ne pas suivre le plaisir de ce monde. Il viendra un temps où une nation, se lèvera contre une autre, un père contre son enfant et même un frère contre son frère. Nous refusons de comprendre le pourquoi de cette écriture et nous nous laissons à la merci de la méchanceté cruelle de ce qu'il vit. Nous suivons la volonté de ce monde, le vice de ce monde en s'entretuant en se faisant tant de mal les uns les autres. On est né oui ! de parents humains mais chacun ira répondre devant Dieu qui a donné tout gratuitement. Pour abolir nos coutumes, nos traditions que nous adorons tant plus que Lui, il a envoyé son fils qui n'est que Lui-même fait chair pour nous sauver. C'est Dieu qui dans l'ancien Testament a même demandé de faire des holocaustes par les prémices pour que cela sentent une bonne odeur et qu'il nous refasse encore et encore grâce. C'est encore lui qui a dit pour l'amour qu'il a pour nous, au lieu de continuer à se faire des dieux partout pour sa représentation physique, d'arrêter, car il est un Dieu omnipotent et omniscient. Il dit : « d'arrêter de s'entretuer car c'est à Lui qu'appartient l'autorité sur tout. D'accepter la mort de son fils sur la croix comme le vrai sacrifice qui remplace tout et que nous n'aurons plus à souffrir lorsque nous nous en rappellerons et viendront à Lui ». Il nous appelle et nous invite, non pas pour se tuer, se critiquer ou devenir de vrai incrédule face à sa Parole. « **Quand une personne meure et laisse son testament, nous nous empressons de voir à qui elle a légué telle et telle chose et nous cherchons à voir si notre part d'héritage ne s'y trouve pas aussi. Mais maintenant qu'il s'agit de voir le vrai bonheur que Dieu nous a légué dans son testament nous le rangeons comme un livre en refusant de connaître la part réservée pour nous. Nous préférons souffrir et faire souffrir en**

accusant les autres et en se disant dieu ; « et même pour atteindre Dieu il faut passer par un homme. C'est honteux ! Préservez-vous de dire de telle chose car cela pourrait coûter cher et même plus. N'est - ce pas le propriétaire de la vie ? Méchant que nous sommes! »

Elle ne comprenait pas cette différence et se posait tellement de question. A force de se concentrer sur les enseignements de la Bible, elle comprit que c'est là qu'on lui disait que c'est un combat qu'il faut faire à présent si elle voulait renouveler son contrat d'amour et de charité. Tout était contre son option et ne regardait rien qu'à la tradition, à la coutume et à la religion. POURQUOI? Était sa question. Elle garda espoir tout en se rappelant de ce qui est dit : « Jésus Christ comme SAUVEUR ET SEIGNEUR et toi et toute ta maison seront sauvées ». Elle ne limitait pas sa maison à son foyer seulement mais à toute personne qu'elle acceptait dans son cœur et considérait comme un nouveau membre de son corps, de sa vie, de sa famille.

LA VIE ETAIT AMERE PRES DES HOMMES

Souvent, Div. me demandait « est ce que les Hommes savent que je les aime et que je ne sais d'où vient cet amour que je ressens pour eux ? Quand je m'humilie ce n'est pas parce que je suis bête où ignorante ! J'ai au fond de moi quelque chose que je ne peux pas exprimer et je trouve l'obligation de partager quand je vois que cela manque. Je veux le demander à Dieu de le renouveler pour que j'en redonne.

N'est-ce pas eux-mêmes les ignorants ? En regardant DIVINE, je ne savais pas comment lui répondre exactement pour lui faire comprendre la dureté du cœur des Hommes et leur incrédulité à chercher la paix pour eux. Il fallait changer de stratégie et dire à ces personnes d'aller vers Dieu s'ils voulaient l'amour. Mon cœur était malade de voir le visage de DIV dans cet état. Quand nous nous disons au revoir, elle ne sortait pas avec un visage triste. Elle se disait je n'ai qu'un confident humain et un confident Céleste les autres ne doivent pas savoir ce que j'ai car ils ont plus besoin d'amour et d'attention. Elle rentrait toujours avec le sourire et la joie de faire rire les gens partout où elle passait. Dans son entourage, elle avait la facilité de se faire des amis, et souvent on lui demandait ce qu'elle avait de si spécial à connaître des gens de partout où elle passait. Elle voulait communiquer partout et augmenter le nombre de sa famille. Elle ne voyait pas seulement les gens comme des amis mais comme une famille à part spécialement venu du ciel. Elle disait « Dieu m'a fait la joie de connaître encore des gens, oh quelle joie ! » Mais, d'autres parts des obstacles lui faisaient face. Ceux qui étaient des hommes (sexes masculins),

beaucoup, comme on le dit souvent, croyait rencontrer une fille facile à utiliser. Ils voulaient en profiter mais Div. connaissait déjà sa vision, son objectif et la décision pour sa vie. Elle refusait de se faire manipuler par ces gens qu'elle trouvait inconscient. Elle essayait de les expliquer et de leur faire comprendre le choix de rester ou de partir de son cercle de famille. De son coté, elle, elle a déjà mis cette personne dans son cœur et ne l'oublierai jamais. Dieu a fait le monde mais ce monde est petit comme une boule. La lune et le soleil sont séparés et non pas les mêmes heures mais souvent ils se croisent. A retenir pour toujours. L'amour n'est pas à payer car si c'était le Cas, l'homme le paierait très cher à Dieu qui nous le donne gratuitement en nous donnant la vie. Et comme Dieu nous donne l'amour gratuitement, à qui Div. pourrait-elle se comparer pour ne pas partager ce qui est dans son cœur. Me confiait - elle. Div disait souvent, « sœur, qui suis - je pour que Dieu m'aime tant et me donne de très belles personnes surtout une grâce d'être en vie avec mes proches les plus chères? Et pour quoi personne ne comprend l'amour que j'ai au fond du cœur pour lui ? » « Je lui disais, depuis le sein de ta mère, tu es et tu restes une créature merveilleuse car Dieu te connaissait avant que tu ne sois ». Elle sauta de joie sur moi et me disait : « ah c'est vrai, je n'avais pas bien compris. C'est super, je comprends pourquoi même quand je pleure j'ai l'impression que Dieu me regarde comme un enfant, un bébé. Oh que c'est beau ! Donc je suis une princesse ? Dieu merci ». Elle étonnait de jour en jour par son comportement, son enthousiasme d'aimer et de se sentir aimer. Elle avait la douleur de voir que certains Hommes ne l'aimaient pas et étaient tous de vrais hypocrites. Div, du plus grand au plus petit, portait toujours son attention sur tout. Pour elle, sa vie est pleine d'attention. Cela vient du Ciel qui demande d'en faire autant pour d'autres.

Des jours passèrent et Div remarquait que son cœur était méprisé, son amour bafoué par des Hommes et son attention diminuant. Elle consulta plus de sage pour en savoir et là elle comprit que le combat se poursuit. Pour elle, le combat allait s'arrêter du jour au lendemain. Quelle douleur elle a ignoré ! La tristesse vint comme un vent et souffla sur son visage et commença à faire disparaître ses rêves d'apporter un plus dans les cœurs. Le vent était la méchanceté des Hommes mêmes, la dureté de leur cœur, la non reconnaissance de ce qu'apporte autrui, le mépris d'autrui malgré sa présence en tout, le désespoir et le non combat de s'aider soi - même pour se faire aider, l'hypocrisie, l'aptitude

LA VIE ETAIT AMERE PRES DES HOMMES

à accuser quelqu'un qui s'engage à aider, l'orgueil grandissant de ces Hommes et leur dévouement à maudire les autres comme s'ils étaient le maître créateur. Ils veulent toujours être imposants et avoir plus d'autorité sur les autres en se disant le dieu et maître de la liberté, du droit. Div s'assit pour mieux réfléchir des jours durant afin de voir si c'est bien elle qui aime mal ou si c'est la propre nature de l'Homme.

LA VIE ETAIT AMERE PRES DES HOMMES

Au finish, elle était pleine de culpabilité en se disant même si l'Homme est mauvais, je n'avais pas le droit de me comporter ainsi, je devrais surement pouvoir montrer plus d'attention et expliquer que tout ce que je faisais, était par amour et non par mépris ni par manque de respect. » Mais sa vie ne faisait que devenir noir. Elle ne s'occupait plus d'elle et maigrissait de jour en jour. Personne ne comprenait jamais ce qu'elle avait. Div oubliait une chose, qu'on ne peut pas remplacer Dieu, ou

vouloir plaire à tout le monde mais il faut faire la vie avec ce qu'il donne. L'amour de vouloir donner et apporter la joie et la paix dans le cœur de tous était son unique but qui lui a paru finalement irréalisable pour dire dure à faire.

Encore des années passèrent, et tous ceux, mêmes sur qui elle pouvait compter ont changé leur relation envers elle. Elle se posait encore de nouvelles questions. Elle, oubliait que les gens courraient plus à leurs préoccupations qu'à

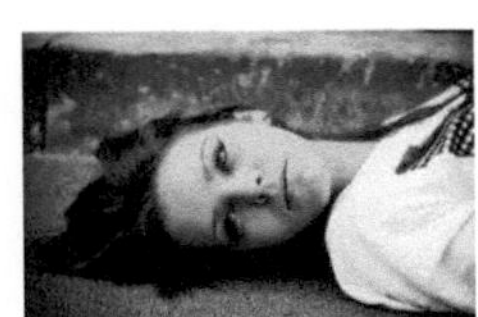

passer le temps à vivre l'amour, à s'occuper de qui que ce soit, même dans le plus beau rêve de la vie. Elle était déterminée, confiante, rêveuse, en plus du rêve d'apporter la Paix dans les cœurs et de montrer à chaque personne qu'elle a de la valeur. Div avait aussi la passion de réaliser beaucoup de chose qui pourrait profiter à beaucoup de gens. Elle avait des idées et partageaient à qui veut entendre et profiter. Souvent, on avait l'impression qu'elle fait partie des sages, ou qu'elle passait le reste de ses temps libres avec les sages pour en prendre des notes.

LA VIE ETAIT AMERE PRES DES HOMMES

Mais non ! Divine avait passionnément regardé le monde et ce qu'il englobe. A chaque situation, elle avait qualifié avec amour et souplesse, tout ce qui arrive dans la vie d'autrui comme une leçon pour elle et un enseignement à noter pour en partager. Tout donner pour voir le sourire aux lèvres d'un malheureux ou d'une personne qui l'a tient à cœur, Div. était prête à le faire. Malheureusement, elle ne comprit pas que ses moyens étaient limités pour le moment. On ne peut pas être une bonne sœur ou la mère Theresa pour tous. Elle oubliait que même son Jésus dont elle prit l'engagement de suivre, quand il est venu, ce n'est pas pour ceux qui se portait bien. Elle se rappela encore quand elle lisait sa Bible qu'en d'autre part « **ceux qui connaissaient et avaient la Parole de Dieu, c'est-à-dire les Saintes Ecritures avec eux, ils ont interdit aux gens d'appeler Jésus le Roi. Qu'il n'existait pas un autre roi qu'eux les seigneurs et non Jésus. Mais ils se sont condamnés en rejetant le Dieu d'amour qui est descendu en Chair pour montrer son amour. Qu'il est là pour abolir toute tradition, toute coutume sur sa croix afin que nous soyons** libres de le servir lui seul et uniquement lui. Donc si lui-même a été rejeté du fait de l'amour, la paix et le salut qu'il est venu apporter ce n'est pas ceux qui voudront suivre sa volonté qui échapperont. Il a même affirmé pour ceux qui voudraient apporter une pierre pour construire ou reconstruire la maison c'est-à-dire la vie d'une autre personne, ou du moins apporter un plus à un cœur qu'il devrait s'apprêter à être rejeté par ceux-là même qui devraient apporter leur soutien. C'est dans sa propre maison qu'on est le plus souvent méprisé. »

LA VIE ETAIT AMERE PRES DES HOMMES

Divine, devenait souffrante de plus en plus et ne savait pas quoi faire finalement. Elle ne faisait que poser des questions aux plus anciens pour en savoir plus si elle fait des erreurs dans cette vie et comment les corriger. Quand une personne prend l'engagement d'atteindre un sommet, elle y tient jusqu'au sommet quelques soient les obstacles. A elle, on veut l'empêcher de tenir sur sa promesse de devenir leader de Paix comme Nelson Mandela. Faire face aux insultes et mépris est pour les Hommes signes de révolte et de manque de respect. Elle pleurait à chaude larmes car elle n'a jamais eu d'assentiment mais plutôt du mépris et de l'abandon autour d'elle et même de ses intimes. Ceux qui étaient proche d'elle, l'avaient dotée de toutes les qualifications existantes. Elle me raconta qu'un jour, alors qu'elle s'apprêtait à commémorer le jour de sa

naissance, elle reçut des kilos d'injures et ne savait où se cacher loin de ces injures qui avaient tant de poids sur son cœur. Finalement, ces mots avaient fait d'un coup disparaitre toute la charité qui habitait au fond d'elle. Surtout ceux pour qui elle voulait lutter le plus, sont ceux-là qui firent sortir de maux horribles. Alors que j'étais dans un salon pour offrir une belle surprise ce jour à Divine, elle m'appelait avec des pleures.

« Gués ! Gués ! Tu es là j'ai mal, mal ! Gués tu es où ? Je vais mourir on a encore fissuré mon cœur et touché ma faiblesse. Guès ! Je me pressai de la rencontrer. Là Div. était hors d'elle, toute raide, fatiguée, pâle, des larmes en coulaient comme une pluie. Mais, qui y a-t-il pour en faire tant à une si fragile petite fille? Je me retournai la question car elle était vraiment de cœur doux pour mériter toute cette douleur. Les gens pensaient surement bien faire mais c'est plus que l'abattre et rendre son cœur plus ulcéreux, faire disparaître l'amour d'elle, et appeler la révolte, la haine à prendre le pouvoir en elle. Un verre d'eau et tout sembla allé après quelques minutes. Elle se ressaisit et me dit qu'elle ne comprenait pas pourquoi l'homme pense à la place de l'autre ? L'on t'accuse toujours de ce que tu n'as jamais dit ni même pensé une seconde.

Est-ce que les gens savent combien ils sont entrain de briser le vrai grand amour en elle pour eux ? Combien la haine a maintenant pris une grande place dans son cœur. Je m'y posais la question comme une horloge dans ma tête ?

Elle me confiait en plus : Guès tu sais -je regrette d'être née-» Comment ça ? Fis- je la question. Il m'a fallu aussi du temps pour réaliser à quel point la douleur était cette fois ci atrocement fort dans son cœur. Elle qui a toujours aimé sa personne et son image. Elle s'aimait bien et se disait s'il arrivait que l'amour disparaisse un jour, c'est que la mission qu'elle s'est fixée et qui fait sa vie n'est plus rien dans son cœur. Je compris que le ressentiment avait déjà avorté son noyau dans le cœur de ma petite Divine. Comment faire ? Etait là ma question. Div se pencha sur moi avec de larmes qui ne pouvaient pas me retenir pour mieux l'encourager. Je compris que ce monde veut qu'on le sert uniquement et non créer une bonne ambiance pour ceux qui le servent. Ce n'est pas bien de toujours vouloir son propre plaisir, sa volonté propre, son honneur propre et d'oublier les autres. Chaque personne à un droit et une limite et on ne peut respecter l'autre que lorsqu'on se respecte et connait le sens de nos mots envers l'autre. On ne peut amener l'autre à obéir que lorsqu'on lui laisse une vraie place dans le cœur, une tendresse, un respect en tout. Et encore, il est meilleur de comprendre les idées et les visions de l'autre qui divergent de chacun. La Bible est un bon conseiller pour ceux qui l'ignore.

LA VIE ETAIT AMERE PRES DES HOMMES

Les mots que nous disons à autrui sont les plus touchants, bons ou mauvais car ils viennent directement du cœur. Il est dit : « du cœur vient la souillure et les mots que la pensée a déjà formé dans le cœur ». A un être faible qui ne connait pas Dieu dans un monde où la méchanceté règne, sans la présence d'un être doux, on ne peut rien faire pour progresser. Nous pouvons le dire et c'est ça la cause et la vraie réalité de la délinquance juvénile. C'est-à-dire que c'est ce qui pousse les jeunes se révoltent. Non ! Ce n'est pas parce qu'on aime qu'il faut forcément mourir pour quoi que ce soit. La liberté est une bonne science lorsqu'on la voit du bon côté ou lorsque nous essayons de l'adopter pour oser ce qu'il ne faut pas oser. N'avons-nous pas entendu « qui ne risque rien n'a rien ». Oser pour quelque chose est une preuve de courage et d'honneur. Mais pour Div je l'a voyais déshydrater de jour en jour. Et ceux pour des mots auxquels elle ne pouvait pas faire face. Ces mots étaient contraires à l'amour qu'elle avait pour les gens intimes. Elle ne pouvait plus supporter tant de rejet et de mépris sur sa personne. Elle se sentait refouler de la terre comme un séisme. Pour elle, personne n'a besoin d'amour mais elle, elle forçait pour en donner. C'est quoi l'amour ? L'amour est un sentiment, une sensation, une perception, une conscience pur d'aimer l'autre comme soi - même, une estime, une affection, une amitié, la passion de tout partager... Mais, l'émotion que Div avait était plutôt vue négativement. Souvent elle me disait que partout où elle passait voir un docteur, il lui demandait de diminuer ses émotions car cela pouvait lui causer d'autres soucis. Et il était vrai que c'est les émotions qui lui rendaient plus malade car elle ne les maitrisait pas. Il arrivait où Div pleurait parce qu'elle ressent un amour frais pour une telle personne (homme ou femme peu importe). Mais hélas ! Cette innocente n'a pas compris qu'il fallait négliger avec rigueur toutes ces personnes et vivre le Seigneur uniquement pour et pour soi.

N.B. : « Ce n'est pas des conneries de dire que Jésus est Dieu ni que ceux qui croient en lui sont des idiots. Croire c'est une porte que l'on ouvre car on rentre dans une nouvelle dimension.

LA VIE ETAIT AMERE PRES DES HOMMES

(Comprenez que Dieu nous invite et nous dit de lire beaucoup la bible et de ne pas se fier à l'homme, dans ces temps actuels. Dieu peut utiliser un Homme pour un message mais pas à être dieu ni à être considéré comme un dieu. Les incrédules et ignorant abandonnent leur foi une fois que le pasteur ou le prête ou encore un homme de foi est en erreur. Cette personne n'est pas distributeur de foi, ni de vie mais est un outil tout comme un crayon dont vous vous servez pour écrire. Nous devons les considérés comme des personnes chez qui nous pouvons puiser des paroles et enseignements de sagesse. Dieu se sert de ces personnes pour son œuvre.) Accepter Jésus Christ comme son sauveur ne veut pas dire accepté une religion. Non la religion ne fait pas de l'homme un dieu mais recevoir Jésus comme son unique Seigneur et Sauveur le servir lui et lui seul. »

Douloureux fit le cœur de Div durant des années car les situations se sont répétées. Elle n'a en aucun cas baissé les bras pour le plaisir d'autrui. Elle disait se battre jusqu'à ce qu'un jour chacun regrette d'aimer mais elle persisterait à montrer la différence comme Christ (même si je ne vaux même pas une graine).

Elle prit courage et continua sa lutte avec une grande foi dans tout ce qu'elle entreprenait. Seulement, il fallait remarquer que tout ce qu'elle faisait, était dur à entreprendre et à réaliser rapidement car son psychique était vraiment touché. Elle oubliait rapidement les choses et ne voyait plus le sens de l'amour. Elle disait que l'amour était à rendre à Dieu uniquement qui quant à lui donne plus que l'amour. Elle tenait à prendre soin d'elle qu'elle que soit le prix. C'est là je sus que Div venait de m'écouter et de comprendre la vie.

Un bateau n'a jamais deux capitaines. Une famille n'a jamais deux chefs de famille. Donc Dieu reste le Seul Roi de la terre, du monde. Si l'ignorance des Hommes est d'autant qu'ils veuillent avoir deux dirigeants c'est d'hommage et désolant, car on ne peut pas servir Dieu et le diable en même temps. Pour les élections, nous avons toujours eu et vu des opposants. Aussi pour les élus il y 'aura toujours des opposants. Et ceux qui veulent voter pour les opposants et avoir des choses passagères peuvent le faire sinon la réponse se trouve dans le testament.

Un écrit lu un jour : les personnes qui échouent répètent souvent : « C'est difficile, c'est compliqué, ce n'est pas possible, c'est foutu, c'est grave, moi je ne peux pas, je n'ai pas de chance, la réalité est là, mon pays va mal, la vie est triste, mon mari est mauvais, ma femme est mauvaise, mon enfant n'est pas intelligent, je souffre par la faute de ..., les Hommes sont mauvais, on ne m'aime pas, etc. » C'est normal s'il y a des gens qui le pensent et le vivent ainsi. L'amour ne s'achète pas mais il est gratuit comme l'air.

J'encourageais Div. à persévérer et à garder confiance pour le combat. La vie est un combat. Elle se mit à l'œuvre et au travail pour non seulement réussir mais fuir ce monde de fou. Il est souvent, plus préférable de vivre près des inconnus. Un étranger malgré sa méchanceté se gardera de beaucoup de chose envers son prochain. La dent d'une autre personne n'a jamais mordu pour autrui. Et même si la langue est le plus souvent mordue par les dents, malgré la douleur, la langue les caresses. C'est parce qu'elle n'a pas encore gagné la solution pour les fuir.

A cet effet, j'ai trouvé que dans cette vie, la meilleure famille que l'on peut se faire, est celle que nous réunissons dehors. Pourquoi ça ? Beaucoup me demanderait de répondre. Hé !!! Oui ! C'est ceux du dehors. En toute sincérité, lorsque tu as un ami, un vrai ami avec qui tu partages tout, ton intimité est plus connue de lui, tu te sens plus à l'aise qu'avec surement un proche. Il arrive souvent que dans une famille qu'il y'aie une personne avec qui, l'on s'entend le mieux ; c'est-à-dire que cette personne reste un confident, un ami, un parent direct ou non, avec qui vraiment on se sent en paix quand l'on parle. Cependant, je vous dirai qu'avec ce que Div. traversait, je trouvai qu'elle se sentait plus dans la joie et à l'aise que quand elle se trouve dans un milieu étranger. Elle considérait comme mère et père toute femme et homme qui voyaient un grand amour d'un petit enfant innocent à travers ses regards. Elle cherchait de tout côté à récupérer l'amour perdu. De la pure manière dont elle aurait aimé avoir un nid de rêve plein d'amour, envié par tous, elle essayait d'en puiser près des autres personnes extérieures pour ne pas vivre le contraire. Son amour était tellement pur que la plus part des lieux où nous passâmes, des vieilles personnes ont avoué aimer avoir une fille qui est si douce et joviale, tendre, et passionnante en amour comme Div... Ce que ces personnes voyaient en elle, j'aurais donné ma vie en sacrifice, afin que dans l'esprit de son entourage qui l'a portait peu de considération. Il est vrai que Div. me disait souvent, Gués, arrête de juger car Dieu a créé chacun avec son personnage, son image, ses comportements, ses visions, ses considérations, ses attitudes, et moi aussi, je veux aimer chacun tel qu'il est et j'ai foi en mon amour pour tous. Avec l'appui de Dieu, je crois changer même le pire des méchants de la terre. Je la regardai raconter ses mélancolies, qui me donnaient tant de frison, et éveillé de bel mon cœur en amour. Mais la vie a tellement fait des miracles dans la vie de la jeune fille, qu'elle n'a plus eu la force d'avant, de persévérer avec cette décision. Elle prit pour refuge le seul chemin que l'on aurait à conseiller à toutes personnes c'est - à - dire, la vie de prière. A travers ces efforts, Dieu lui répondit de cesser de regarder aux Hommes. Ils n'ont rien apporté comme soutien. A cela, elle comprit qu'elle devrait savoir que ce qu'elle a, même insignifiante, peut l'aider à réaliser et atteindre ses objectifs. Demander souvent un soutien, était devenu dans ce monde même pour les proches personnes, comme une quête, un poids pesant. Il faut donc toujours regarder à ce qu'on a ; c'est - à - dire comme connaissance, comme diplôme, comme savoir-faire, comme nourriture, comme tout ce que nous voulons que Dieu multiplie tout comme le pain pour sept mille personnes dans le désert. Il y'avait une femme, qui a du courir derrière un homme de Dieu pour demander du secours parce qu'on devrait passer chercher sa fille en échange des dettes que son mari à laisser avant de mourir. Et alors, l'homme lui demanda ce qu'elle a chez elle, et la dame lui répond : rien que des canaris. Il lui demande de mettre de l'ordre pour qu'il passe après et qu'à travers la prière que Dieu agisse.

L'ordre dans la vie est très important si nous voulons réussir. Alors à travers cette vérité, de mettre de l'ordre, la vie de cette femme qui a réussi à payer les dettes, à amener Div. à se réformer, à se positionner et à dire non aux urgences. Pour vivre dans l'ordre, il faut souvent savoir dire non aux urgences. L'envie est là et c'est ce qui conduit aux désordres. Le besoin se fait sentir. L'on dépense en suivant les envies, en cédant aux envies. Dieu ne peut en rien, céder à ces désordres. L'endroit où l'on se trouve doit être un lieu organisé pour permettre surtout à Dieu d'agir. L'ordre dans la vie suit la raison. Et cela permet à Dieu de multiplier le peu qu'on peut avoir. Tout ce qu'on peut se donner doit se faire dans l'ordre. Et cela permet de croire que la réalisation de nos objectifs ne va plus tarder. Par exemple, l'on prévoit de sortir avec les enfants pour apporter la joie et le divertissement mais en interrompant cette sortie, c'est un désordre que l'on crée. Alors, à cet effet, rien ne changera. Les enfants seront plus tristes. On ne doit pas abandonner de persévérer dans les décisions. La foule, qui est souvent présentée comme un désordre, comme les problèmes ne doit rien interrompre. Lorsque nous vivons aux grées de nos émotions, on peut planifier pour vivre dans l'ordre et ne plus vouloir tout offrir dans un esprit de désordre. Notre nature doit être un partage avec beaucoup d'ordre. Pourquoi parler et réfléchir ainsi, c'est pour ne plus laisser des excuses nous empêcher de marcher dans une bonne organisation. En faisant cette analyse,

LA VIE ETAIT AMERE PRES DES HOMMES

Div. A vraiment compris qu'il fallait penser vraiment à soi - même maintenant et à tout laisser entre les mains de Dieu. Cependant, il fallait forcer oublier la sorcière idée d'apporter la paix et la joie dans le cœur des Hommes. Cela est une casse - tête très dure à accepter et à commencer, car les émotions sont difficiles à contrôler. Une décision très dure pour Div. Tout en fermant les yeux avec tant de mal, il fallait dresser un nouveau programme pour une nouvelle marche. Div. a compris qu'elle avait perdu beaucoup de temps à vouloir satisfaire, se battre tout comme Léa dans la bible, qui se forçait de donner des enfants à son mari pour être aimée mais se vit plutôt recevoir le contraire. Elle a finalement remis sa douleur derrière et s'est mis à louer Dieu.

Cette jeune fille a pris ce même chemin, en disant chaque jour, la vie est amère auprès des Hommes Guès !! Je compris que cette fois, c'est une décision totale. Div. en avait marre de vouloir servir sans retour. Elle me dit que si Dieu était un homme de chair comme elle, elle lui demanderait comment malgré tous nos péchés, il continuait à nous aimer. Mais, il fallait se réveiller sinon le pire viendrait. La jeune fille, fit un plan, et commença sérieusement à se donner. Elle avait vraiment perdu le temps à vouloir que son entourage intime, lui accorde une grande place et lui porte les regards. Elle a voulu donner tant d'amour pour dire que la vie est belle et qu'il faut en profiter. Elle a voulu comprendre le monde et ce qu'il est. A partager tout sans réserve car pour elle la mort frappera à n'importe quel moment de notre pauvre vie. A toujours servir sans demander autant. A toujours prendre à cœur le problème d'autrui. Se soucier des douleurs, des souffrances que quelqu'un d'autre traverse. A toujours penser pouvoir soulever le poids de quelqu'un d'autre pour que cette personne se sente considérée, allégée de tout. Cette manière d'aider était mal vu de tous. Div. utilisant ce grand amour, cette passion de soutenir, d'aider, d'encourager, de motiver, d'accepter autrui tel qu'il est pour aller de l'avant et en partager avec ceux qui lui portait tant de considération. Elle refusa de tomber dans le piège de ces individus sans considérations, sans amour, rien que l'ombre dans leur vie, dans leur respiration. Que des douleurs à causer. L'homme qui communique et accepte les valeurs de l'autre vie paisiblement. Mais celui qui veut toujours se dire le plus fort de tous et avoir du pouvoir sur les autres ne peut rien apporter de grand. Les raisons sont diverses et chacun à ses propres raisons qu'il faut accepter et louer. C'est ça le respect des cultures d'autrui, de ses valeurs. De toute ma vie, je n'ai jamais eu mal au cœur pour une cause quelconque. Cependant, l'histoire de

LA VIE ETAIT AMERE PRES DES HOMMES

Div. m'a rendue très malade au point que je suis pleine d'amertume. Ne sachant pas quelle solution me serait le mieux, c'est - à - dire désorientée et dégoutée de la vie, de ce que les Hommes aiment et craignent ceux qui sont des imposteurs ; des gens qui se disent forts, qui pensent que l'argent fait le bonheur ; qui croient en leur relation comme si un jour cette relation peut leur offrir la résurrection de leur vie. Quelle douleur, quelle méchanceté, quelle honte de vouloir payer des cœurs, des vies. Quelle honte de croire à des choses passagères, d'enterrer l'amour pour vivre dans la désolation. Souvent, l'on a envie de donner son cœur à un étranger plutôt qu'aux intimes. L'étranger sera fier de la grâce et la considération qu'on lui accorde. La douleur de ce dernier vaut mieux que le venin de l'intime. L'intime coupe même un morceau de la chair de ton cœur et tu saignes à vie. Difficile d'oublier cela puisque des souvenirs te rendent rancunier. Ces personnes sont toujours prêtes à toujours porter des accusations sur autrui, à toujours indexer.

LA VIE ETAIT AMERE PRES DES HOMMES

Je m'en vais vous dire chers lecteurs, si vous connaissez des gens comme Div. conseillez - les à faire ce qui est bon pour eux. Qu'ils arrêtent de penser aux autres si ce n'est une urgence obligée. De se concentrer sur leur propre bonheur. Le commerçant ne donne pas gratuitement son article ; il vend et prend de l'argent en échange. Faites de même. Donner pour recevoir sinon éloigner vous rapidement.

Je vous ferez lire la suite de l'histoire, par la grâce de Dieu. Merci à tous d'avoir prêté une attention particulière à ce livre. Que Dieu vous permette de savoir qu'elle chemin emprunter pour ne pas mourir de douleur, de chagrin. Que par son fils Jésus Christ, que vous sachiez dire non, et oui quand il le faut et jamais oui !oui !oui !oui ! Sinon vous mourriez dans les secondes qui suivent, je vous assure.

A très bientôt !!!!!!!

Que Dieu vous bénisse et assure votre quotidien dans le beau et précieux nom de notre Seigneur Jésus Christ amen.

Printed by Books on Demand GmbH, Norderstedt / Germany